S. E. B. Schütz

Keine Gewalt

und kein Mobbing

in der Schule

oder

im täglichen Leben!

<u>Ein Schild im Klassenraum aufhängen!</u>

Wer andere Kinder **mobbt**,

also auslacht, angreift, schlägt, verspottet,
schikaniert, Gerüchte verbreitet oder
Unwahrheiten erfindet und
hinter dem Rücken tuschelt und lästert,

der ist selber
nicht besonders klug!!!

Herstellung und Verlag:
BoD – Books on Demand, Norderstedt
ISBN 9 783759 760 173
© 2023 S.E.B. Schütz
<u>Umschlag:</u> **BoD easyCover und Privatbild der Autorin.**

S.E.B. Schütz
wurde 1951 in der ehemaligen DDR geboren und sie hat ihre Kindheit und Jugend im Rheinland verbracht.
Seit 1979 lebt sie mit ihrem Ehemann in der Pfalz und hat zwei erwachsene Kinder. Zu jedem besonderen Anlass, ob beruflich oder privat, hat sie schon immer eine Kurzgeschichte oder ein Gedicht geschrieben und auch vorgetragen. Heute ist das kreative Schreiben für sie zu einem wichtigen Hobby geworden.
Die Autorin ist pensionierte Lehrerin für Textverarbeitung, Kurzschrift und Bürowirtschaft.

<u>Ihr fünftes Buch:</u>
**Keine Gewalt und kein Mobbing in der Schule
oder im täglichen Leben!**

Inhaltsverzeichnis

	Seite
Privatfoto, Autorenporträt	2
Inhaltsverzeichnis	3
Warum tötet ein Schüler?	6
Warum töten Kinder?	7
Am 9. November 2023 wurde ein Schüler in der Waldbachschule in Offenburg angeschossen. An seinen Verletzungen ist er dann in der Klinik gestorben.	9
Keine Jugendgewalt!	10
Wie äußert sich Gewalt im Schulalltag?	13
Was ist Mobbing?	14
Mobbingverhalten	15
Was ist kein Mobbing?	16
Die Kraft der Versöhnung	17
Mobbing ist kein Kavaliersdelikt, …	19
Warum werden Kinder angegriffen?	20
Wie entsteht Mobbing? Welche Kinder werden häufiger Opfer von Gewalt oder Mobbing?	21
Wie wird man gemobbt?	22
Praktische Tipps für Kinder: Wie geht man mit dem Täter um?	23
Wollen die Täter diese Umgangsformen auch in ihrem eigenen Leben erfahren?	
Wie wirkt sich Mobbing auf das Opfer aus?	24
Was ist der Grund für Mobbing?	25
Gewalt anzuwenden ist keine Lösung!	26
Nein sagen zu Mobbing!	27
Mobbinghandlungen sind Straftatbestände!	28
Das sind keine lustigen Streiche!	29
Das sind Straftaten!	
Verhalten in Bedrohungssituationen: Wo erhält man Hilfe?	31

<u>**Seite**</u>

Warum werden Kinder gemobbt?	32
Umgang mit dem Opfer	
Wie können Eltern erkennen, dass ihr Kind gemobbt wird?	33
Anzeichen, dass ein Kind gemobbt wird:	
Wichtig ist vor allen Dingen:	34
Holen Sie sich Hilfe!	
Was ist Cybermobbing?	35
<u>**Wer sich viel in den Medien bewegt, hat**</u> <u>**soziale Probleme und ein aggressives Verhalten.**</u>	36
Wenn man mitbekommt, dass jemand gemobbt wird, dann ist man Mobbingzeuge.	
<u>**Wer mitmacht und nichts dagegen**</u> <u>**unternimmt, ist ein Mitläufer von Mobbing.**</u>	37
<u>**Diese Tipps können euch gegen**</u> <u>**Mobbing helfen!**</u>	38
<u>**Hilfe bei Mobbing**</u>	40
Das Potenzial an Mobbing wächst.	
<u>**Cybermobbing**</u>	41
<u>**Was ist das Ziel von Cybermobbing?**</u>	42
Wie sollen sich die Opfer von	43
Cybermobbing verhalten?	
Cybermobbing ist strafbar!	44
Stell dir vor, du bist die gemobbte Person.	
Hilfe bei Cybermobbing	45
Cybermobbing	47
Cyberstalking	48
Kinder müssen das Streiten lernen!	49
<u>**Wie verhältst du dich bei einem Streit?**</u>	50
Über welche Situation könntest du dich ärgern?	
Ihr müsst das Streiten üben!	51

<u>**Seite**</u>

<u>**Gut wäre auch ein Kummerkasten**</u>   52
<u>**in der Schule!**</u>
Ihr könnt auch ein <u>Schulprojekt</u>
<u>oder ein Theaterstück zum Thema</u>
<u>Mobbing und Cybermobbing starten!</u>

<u>**Theaterstück:**</u>   53
Mobbing und Cybermobbing haben keinen
Platz in unserer Schule!

Die Lehrerin stellte die Fragen: 54
Vorschläge, damit es euch wieder gut geht!   62

Gewalt wird oft gefeiert und beklatscht.   64
Gewaltprävention   65
Wie kann man Gewalt in der Schule   66
verhindern?
Wie fühlt sich das Mobbingopfer?   67

ABC – Rätsel   68
Lösung des ABC-Rätsels: 72
<u>**Schulregeln für alle Schüler!**</u>   73
<u>**Unser Motto: … Mobbing-Sprüche: …**</u>

Selbstbehauptungs- und   74
Selbstverteidigungskurse für Kinder

<u>**Selbstbehauptungskurs für Kinder**</u>   75
<u>**Die Ziele des Trainings sind:**</u>
<u>**Das Training hat folgende Inhalte:**</u>   76
<u>**Im Selbstbehauptungskurs lernt ihr:**</u>
<u>**Kurs der Selbstverteidigung**</u>   77
Folgende Trainingsbestandteile
beinhaltet der Kurs:

Anleitung zum Glücklichsein: 78
Glücklich sein oder glücklich werden,   79
das kannst du lernen.

Warum tötet ein Schüler?

Am 13.06.2024 stand folgende schreckliche Tat in der Ludwigshafener Zeitung „Die Rheinpfalz".

**„Tote Schülerin:
Mordanklage gegen den 18-Jährigen.**

Nach dem gewaltsamen Tod einer Schülerin an einem Gymnasium in St. Leon-Rot in der Nähe von Heidelberg Ende Januar hat die Staatsanwaltschaft eine Anklage wegen Mordes gegen den 18 Jahre alten mutmaßlichen Täter erhoben. Er soll das gleichaltrige Mädchen in einem Aufenthaltsraum der Schule mit einem Messer angegriffen und auf das Opfer eingestochen haben.
,Der Angriff erfolgte nach Einschätzung der Ermittlungsbehörden für das Opfer völlig unerwartet, weshalb es sich gegen den Angriff nicht zur Wehr setzen konnte', teilte die Staatsanwaltschaft mit. …
Der mutmaßliche Täter war nach dem Tod der Schülerin mit seinem Auto Richtung Norddeutschland geflohen. Er wurde von der Polizei verfolgt und dort kam es zu einem Unfall mit einem unbeteiligten Fahrzeug. Sowohl der 18-Jährige als auch der Fahrer des anderen Fahrzeugs wurden schwer verletzt."

Warum töten Kinder?

Luise, eine 12-jährige Schülerin, wurde von zwei Schulfreundinnen am 11. März 2023 in Freudenberg mit zahlreichen Messerstichen getötet. Die Täterinnen, ein 12-jähriges und ein 13-jähriges Mädchen, hatten die Gewalttat auch gestanden. Der gewaltsame Tod eines Kindes ist mit nichts zu entschuldigen.

Kinder unter 14 Jahren sind noch nicht strafmündig. Die Täterinnen wurden dem Jugendamt übergeben.

Diese Tat bleibt aber auch ihr Leben lang in ihren Köpfen und ist auch nicht zu löschen.

An der Gesamtschule in Freudenberg war in der Zeit nichts mehr so, wie es mal war. Morgens wurde die Schule von Polizisten bewacht. Viele Kinder waren traumatisiert, weil sie Luise sehr mochten und sie auch immer sehr hilfsbereit zu ihnen war.

In der „Frankfurter Allgemeine Sonntagszeitung" vom 19. März 2023 stand Folgendes (etwas abgeändert):
„Was hat die beiden Mädchen zu dieser entsetzlichen Tat getrieben?
Einige Kinder erzählten nach dem Gottesdienst für Luise am 19. März 2023, dass Luise immer sehr nett mit allen Schülerinnen und Schülern umgegangen sei. Sie war einfach eine sehr liebe Person.

Ein Junge äußerte:
‚Ein High Five [1] (= Klatschgruß) hat mir Luise
immer gegeben, wenn wir uns sahen.
**Der High-Five-Tag findet seit 2002 jedes Jahr
am 3. Donnerstag im April statt.**
An diesem Tag werde ich Luise auf dem
Friedhof besuchen und ihr ein High Five in die
Luft und in den Boden geben'.“

Täglich stehen Gewalttaten in der Tageszeitung.

**Am 4. April 2023 wurde schon wieder
ein Mädchen (10 Jahre alt) getötet, und zwar
in der Kinder-Einrichtung in Wunsiedel.
Ein 11-jähriger Junge steht unter Verdacht.**

**Dies wurde am 7. April 2023 in der Tagesschau
verkündet und stand dann am 8. April 2023
in der Ludwigshafener Zeitung „Die Rheinpfalz …“.**

Durch das Internet und Social Media (= digitale
Kommunikationskanäle, die der Vernetzung von Nutzern
dienen) **sind heute viele Kinder mit schlechteren
Dingen konfrontiert als die frühere Generation.
Viele Gewalttaten haben sich heute ins Netz
verlagert. Wenn einem Kind von anderen Kindern
über Wochen oder sogar ständig Gewalt angetan
wird, dann verliert es alsbald den Lebensmut.**

**Solche Peiniger müssten schärfer zur
Rechenschaft gezogen werden, auch wenn sie
noch nicht strafmündig sind.**

[1]: **High Five ist eine Geste,** bei der 2 Personen jeweils eine
Hand heben, um sie in die erhobene Hand des
Gegenübers zu schlagen. **(Quelle: Wikipedia)**

<u>**Am 9. November 2023
wurde ein Schüler in der Waldbachschule in
Offenburg angeschossen.
An seinen Verletzungen ist er dann
in der Klinik gestorben.**</u>

Diese Tat wurde am 9. November 2023 in der Tagesschau veröffentlicht und am nächsten Tag standen auch Informationen in der Tageszeitung „DIE RHEINPFALZ Ludwigshafener Rundschau".

<u>Tathergang:</u>

Der Angreifer, ein Mitschüler, soll um die Mittagszeit ein Klassenzimmer betreten haben. Er sei dann gezielt auf seinen gleichaltrigen (15-jährigen) Mitschüler zugegangen, der im Raum saß. Dann hat er zweimal mit seiner Handfeuerwaffe auf ihn geschossen. Das Motiv dürfte im persönlichen Bereich liegen.

Nach dem Angriff auf den Schüler hat er anschließend auch noch der Lehrerin auf den Kopf geschlagen. Der Tatverdächtige wurde von einem zufällig anwesenden Mann bis zum Eintreffen der Polizei festgehalten.

Die Polizei war mit über 300 Einsatzkräften am Tatort. Gegen den 15-jährigen Tatverdächtigen wurde Haftbefehl erlassen und er wurde in eine Justizvollzugsanstalt eingeliefert.

Alle Schüler dieser Schule wurden nach der Tat von Psychologen betreut.

<u>Quellen:</u> Tagesschau und Zeitung „DIE RHEINPFALZ"
vom 10.11.2023 und vom 11.11.2023.

Keine Jugendgewalt!

**Artikel 1, Absatz 1,
Grundgesetz der Bundesrepublik Deutschland:
<u>„Die Würde des Menschen ist unantastbar.
Sie zu achten und zu schützen
ist Verpflichtung aller staatlichen Gewalt. …"</u>**

**Die körperliche Gewalt unter Kindern und
Jugendlichen, z. B. durch Ohrfeigen oder
durch Schläge, nimmt immer mehr zu.
Mord ist aber das Schlimmste,
was man einem anderen Menschen antun kann.**

**„Am Nachmittag des 21. Februar 2023 wurde in
Heide (Schleswig-Holstein) ein 13-jähriges
Mädchen von mehreren Mädchen im Alter
von etwa 13 bis 16 Jahren
geschlagen und gedemütigt.
Dem Mädchen wurde auf die Nase geschlagen
und Zigarettenasche sowie Cola
über den Kopf gegossen.
Dabei habe das Mädchen verzweifelt geweint,
gebettelt und gefleht, sagte ihre Mutter."
<u>(Das stand am 22.02.23 in der Zeitung:
„Die Rheinpfalz – Ludwigshafener Rundschau".)</u>**

**Kein Kind darf von einem anderen Kind
tyrannisiert, geschlagen oder getreten werden!
<u>Ein Kind ist auf ein anderes Kind neidisch, weil
es blinkende Schuhe, eine bunte Turnhose,
ein tolles buntes Kleid, einen bunten Armreif
trägt und auch noch einen roten Spiderman-
Rucksack zum Geburtstag geschenkt bekam.</u>
Aus Neid wird dem Kind dann Gewalt angetan.**

Wenn die Schulklasse schwimmen geht,
dann sind mehrere Mädchen neidisch,
weil ein anderes Kind einen
schönen, farbigen Badeanzug trägt.
In der Umkleidekabine wird diesem Mädchen
dann der schöne Badeanzug geklaut,
zerrissen oder mit Farbe beschmiert.

Lena besitzt einen schönen
Stunt-Scooter (Roller) und fährt damit auch
täglich in die Schule.
Der Neid der Mitschüler ist riesig.
Ein Schüler klebte Kaugummis an den Lenker.
Die Standfläche des Rollers wurde von einer
anderen Schülerin mit Farbe beschmiert.

Karina geht täglich mit ihrem Hund spazieren.
Im Park traf sie auf einige Mitschülerinnen.
Marie sprach Karina an: „Du hast einen Hund?
Das wusste ich ja gar nicht. Kann ich den Hund
denn jetzt mal durch den Park führen?"
Karina gab ihr die Hundeleine und schon
sauste Marie mit Bello davon.

Karina wandte sich an einen jungen Mann und
der half ihr, Bello in dem Park wiederzufinden.
Marie und Bello saßen im Gebüsch.
Durch das Rufen von Karina machte sich Bello
bemerkbar. Er bellte und riss sich von Marie los
und lief auf Karina und den jungen Mann zu.
Durch Zufall lief ein Polizist durch den Park.
Dem Polizisten erzählten sie die Tat
und er nahm Marie mit auf die Wache.
Die Eltern wurden verständigt und sie mussten
Marie von der Polizei abholen.

Ron kauft sich täglich am Schulkiosk ein Eis.
Karla rief: „Darf ich auch mal schlecken?"
„Nein, das ist mein Eis", antwortete Ron.
Ein anderer Mitschüler riss Ron von hinten das
Eis aus der Hand und lachte sehr schelmisch.

„Wo leben wir denn, wenn man noch nicht
einmal ein Eis ohne Angriff essen kann!",
schrie Ron mit Wut im Bauch.

Mia bringt manchmal leckere Muffins
mit in die Schule.
Ben, Noah, Leon, Luca, Ron und Finn
schenkt sie immer einen Muffin.
Nur Emma und Ella bekommen keinen,
weil sie immer so fies zu Mia sind.
Vor lauter Wut klaute Ella Mias Turnbeutel.
Als die Turnstunde begann, erzählte Mia der
Lehrerin, dass ihr Turnbeutel gestohlen wurde.
Die Lehrerin wies alle Schüler an, ihren Ranzen
und ihren Turnbeutel auszupacken.
Und siehe da, aus dem Ranzen von Emma
fiel Mias Turnbeutel.
Ein Sozialarbeiter wurde in den Turnraum
gerufen und er nahm Emma mit zum Direktor.
Emma bekam eine Strafe.
Sie musste 100-mal schreiben:
Ich werde keiner Mitschülerin mehr ihren
Turnbeutel klauen. Bei Mia werde ich mich vor
allen Mitschülern für diese
schreckliche Tat entschuldigen.
Dieser Raub ist unverzeihlich und
nicht zu entschuldigen.
Dafür werde ich Mia mit einem Kuchen
um Verzeihung bitten.
An Mia werde ich mich auch nicht rächen.

Wie äußert sich Gewalt im Schulalltag?

Schon im Kindergarten und in der Grundschule
leiden Vorschulkinder bzw. Schulkinder
unter Gewalt, Ausgrenzung oder Hänseleien
ihrer Kitafreunde oder Mitschüler.

Fast jedes dritte Kind wurde im Jahr 2022
Opfer von Gewalt.

Werden Beleidigungen über das Netz geteilt,
dann hat das eine unglaubliche Reichweite.
Täter können sich hinter
einer gewissen Anonymität verstecken.
94 % der zwölfjährigen Schüler
haben ja heute schon ein eigenes Smartphone.

Wenn ein Kind einmal zur Zielscheibe wird,
dann erfährt es leider
sehr wenig Unterstützung
von Klassenkameraden.

Kinder rufen auch nicht sofort um Hilfe,
denn sie schämen sich,
Opfer geworden zu sein.

Normalität ist aber sehr wichtig, denn
sie entlastet die Schüler auch.

Deshalb wird auch jetzt schon wieder planmäßig
an der Schule in Freudenberg unterrichtet.
Schule muss auch ein Ort sein,
an dem sich alle Kinder aufgehoben fühlen.

13

Was ist Mobbing?

Aggressives Verhalten und psychische Gewalt

mit Worten.

Schikanieren mit körperlicher Gewalt.
Lächerlich machen,

von Aktivitäten ausschließen,

Beschimpfungen, Drohungen, Rufmord oder

Rufschädigung bis hin zur Erpressung

oder Einschüchterung.

Die Kinder werden dadurch seelisch sehr verletzt.

Mobbing hat viele Akteure, z. B. Täter, Mitläufer und Opfer, aber auch Menschen, die tatenlos zusehen oder wegschauen und den Opfern nicht helfen.

Mobbing oder mobben ist, wenn jemand seinen Freund oder seine Freundin ständig schikaniert, quält, demütigt, verletzt, Lügen über ihn oder sie verbreitet usw.
Quelle: http://www.duden.de/rechtschreibung/mobben

Es ist eine negative Handlung, die einer Person absichtlich zugefügt wird, die sie nicht mag und die sie sehr schwer verletzt.

Mobbingverhalten

Verbales Mobbing:

Mitschüler bedrohen, hänseln, beleidigen, verspotten, erpressen, beschimpfen, Lügen und Gerüchte über sie verbreiten.

Physisches Mobbing:

Kinder schlagen, stoßen, treten, kneifen, einen anderen Schüler oder eine Schülerin durch Körperkontakt bedrängen.

Emotionales oder psychisches Mobbing:

Ein Kind oder einen Freund vorsätzlich aus einer Gruppe oder von einer Aktivität ausschließen, manipulieren, schikanieren oder lächerlich machen.

Ein Streit darf aber nicht eskalieren.

Man muss versuchen, sich wieder zu vertragen.

**Mobbing gehört leider zum Alltag
vieler Kinder.
Streit und Konflikte
sind normal und es ist sogar wichtig,
wie man damit umgeht.**

**Oft sind Erwachsene aber der Meinung:
Mobbing ist nichts Ernstes,
denn es gehört ja zur Natur der Kinder.**

**Gewalttaten sind alte Verhaltensweisen
unter jungen Menschen.**

**Dann wurde diese Person noch nie
in ihrem Leben gemobbt,
wenn sie diese Meinung vertritt.**

<u>Was ist kein Mobbing?</u>

**Wenn Schüler oder Schülerinnen miteinander
streiten, dann ist das kein Mobbing.**

**Es ist auch kein Mobbing,
wenn ein Junge oder ein Mädchen
auf scherzhafte Weise
freundschaftlich geärgert wird.**

**Z. B. wenn man einen harmlosen Scherz
mit ihm treibt,
der die Heiterkeit erregen soll.**

**<u>Vergeben und sich versöhnen können,</u>
das müsst ihr lernen!**

**Wenn ihr das nicht tut,
dann vergiftet ihr
eure kostbare Lebenszeit.**

**<u>Mutige Menschen vergeben sich
um den Willen des Friedens.</u>
(Zitat von Nelson Mandela)**

<u>Versöhnung muss wichtiger
sein als Rache.</u>

Die Kraft der Versöhnung

Wie konnte er mir das nur antun?
Ich bin immer noch gekränkt
und wütend.

Das kann er nicht mit mir machen!

**Mit Wut im Bauch
schadest du dir auf Dauer nur selbst.**

**Verzeihen kann dagegen innerlich den Ärger
beseitigen. Mit der Streiterin über das Problem
reden, das hilft auch schon.**

Für manche Menschen sind das Verzeihen und
die Versöhnung leider zwei Paar Stiefel.

Versöhnung ist wichtiger als Rache!

Du musst für dich das Beste daraus machen!

Motto: Schwamm drüber …!

Manche Menschen warten aber
monatelang auf das Geschenk
des Vergebens oder des Verzeihens.

Sie vergiften sich durch diese
schreckliche, wütende Wartezeit
bedauerlicherweise ihre kostbare Lebenszeit.

**Statt wütend und geknickt zu Hause zu hocken,
wäre eine Versöhnung doch schöner.**

Einer muss über seinen Schatten springen!

Wenn ihr streitet,
dann macht ihr
manchmal Fehler.
Ihr verletzt euch
und natürlich auch andere Menschen
mit bösen Worten oder mit bösen Taten.

Fehler gehören zum Leben dazu.

**Aus Fehlern müsst ihr aber lernen,
euch beim nächsten Mal
anders zu verhalten und zu äußern.**

Zitat von Mahatma Gandhi:
**„Der Schwache kann nicht verzeihen.
Verzeihen ist eine Eigenschaft
des Starken."**

Versöhnung bedeutet auch:
Mut und Stärke,
um die negativen Gefühle
über Bord werfen zu können.

**Zitat von der Bestseller-Autorin
Melanie Wolfers:**
„Wer zu verzeihen lernt,
lässt die Schatten der Vergangenheit hinter sich
und kann von Neuem vorwärts leben."

Zitat von Silke Pfersdorf:
„Vergeben fällt nicht leicht.
Doch die Mühe lohnt sich: Wer vergibt,
lässt die Kränkungen hinter sich
und erlebt eine neue Freiheit."

Mobbing ist kein Kavaliersdelikt, sondern eine gefährliche Sache, eine seelische Verletzung und eine strafbare Handlung.

Z. B.: Wenn jemand von einem Bekannten, einem Schulfreund oder einer Freundin gequält, ausgegrenzt oder gedemütigt wird. Es ist eine Verletzung durch körperliche oder seelische Gewalt.

Manche Schüler werden dann von der ganzen Klasse ausgegrenzt.

Die Mobbingtäter können auch bestraft werden.

Mobbing gibt es zwischen Kindern auf Schulhöfen, im Klassenzimmer oder im Arbeitsleben zwischen Kollegen. Häufiger aber im Bereich der Schule. Angriffe passieren auf dem Schulweg, in der Pause, an der Bushaltestelle, in der Umkleidekabine, im Bus usw.

Ein Mobbingopfer wird von seinen Mitschülern mit sehr schlimmen Beleidigungen gequält.

Manchmal trauen sich die Mobbingopfer nicht mehr in die Schule. Mobbing kann überall stattfinden. Z. B. am Arbeitsplatz, in der Schule, im Verein, im Freundeskreis oder sogar in der Familie.

Mobbing geschieht mit Worten, mit Gewalt, mit Diskriminierung durch Benachteiligung oder mithilfe von Medien.

Warum werden Kinder angegriffen?

Schlimm ist es, wenn ein Kind ein anderes Kind ärgert, beschimpft, schikaniert, lächerlich macht, beleidigt, hänselt, anspuckt, anschreit, auslacht, erniedrigt oder sogar bloßstellt.
Ein Mensch wird täglich mit abwertenden oder unpassenden Worten angegriffen. Immer wird man von einem Mitschüler mit der Faust oder mit einem Stock bedroht.

Niemand kann etwas dafür, wenn er gemobbt wird, denn Mobbing trifft jeden Menschen.

Eine genaue Erklärung hierfür gibt es leider nicht. Meistens steht der Wunsch nach Anerkennung oder mehr Aufmerksamkeit im Vordergrund.
Die Mobber meinen, dadurch ihre Beliebtheit in der Gruppe steigern zu können.
Sie wollen unbedingt zur Siegergruppe gehören.

Viele wissen aber nicht, dass die Opfer seelische Qualen erleiden müssen.

Die Mobber kommen aus allen gesellschaftlichen Schichten und aus allen Schulformen.
Täglich gibt es immer wieder Konflikte und Meinungsverschiedenheiten.
Dann vergreift man sich auch schon mal im Ton, knallt die Türe zu oder beendet mit Wut im Bauch ein Telefongespräch.

Das ist aber kein Mobbing, sondern nicht schön.
Meistens findet man auch einen Kompromiss.
Danach geht man dann auch wieder sehr freundlich miteinander um.

Wie entsteht Mobbing?

Mobbing entsteht durch Eifersucht, Neid oder weil man den Mitschüler nicht leiden kann.

Wunsch nach Anerkennung in der Klasse.

Wegen mangelnder Konfliktfähigkeit.

Eigene Unzufriedenheit mit Freunden.

Weitergabe von der eigenen Gewalt, die sie täglich ertragen muss.

Er hat den Wunsch nach Anerkennung in seiner Klasse.

Welche Kinder werden häufiger Opfer von Gewalt oder Mobbing?

Unsichere, ängstliche und körperlich schwache Schüler.

Behinderte Schüler, dicke Schüler oder Schüler, die eine andere Hautfarbe haben.

Schüler, die immer neue technische Geräte und teure Kleidung besitzen.

Neulinge, Streber und Außenseiter in der Klasse.

Wie wird man gemobbt?

Über einen längeren Zeitraum werden
über eine Schülerin oder einen Schüler
immer wieder gemeine und unangenehme Dinge
in die Welt gesetzt, die erlogen sind.

Kinder werden immer wieder in bösartiger
Weise gehänselt und bedroht.

Vor der gesamten Klasse wird das Kind
lächerlich gemacht.

Der Schüler wird bedroht
oder unter Druck gesetzt,
wenn er dem Mobber nicht 5 Euro schenkt.

Ihre Sachen werden ihr weggenommen
oder sie wird in einen Raum eingesperrt.

Praktische Tipps für Kinder:

Dem Mobber aus dem Weg gehen.
Keine wertvollen Sachen mit in die Schule nehmen.

Nicht zurückschlagen, wenn man angegriffen wird, sondern einen älteren Schüler oder Lehrer um Hilfe bitten. **Das ist ein Menschenrecht!**

Zum Angreifer sagen: „Höre sofort damit auf! Ich will das nicht!" Anschließend weggehen.

Wie geht man mit dem Täter um?

Dem Täter muss ein klares Signal gesetzt
werden! Nämlich: Stopp!
So darfst du nicht mit mir umgehen!
Ich hole mir Hilfe bei der Polizei,
bei der Lehrerin oder beim Direktor.

Mit diesem schrecklichen Verhalten
kommst du nicht weiter!
Du wirst isoliert und befindest dich dann
auch noch in einer Sackgasse!
Du musst aber mit deiner Enttäuschung
und der Machtlosigkeit selber zurechtkommen.
Mit dir will niemand mehr etwas zu tun haben!
Dich muss man
wie einen Aussätzigen behandeln!

Wollen die Täter diese Umgangsformen auch in ihrem eigenen Leben erfahren?

Bestimmt nicht.
Dann müssen sich die Täter aber auch ändern
und keinen Menschen mehr mobben
und jegliche Gewalt
gegen andere Mitmenschen weglassen.

Der Täter muss endlich sein Verhalten ändern!
Er muss lernen,
freundlich, höflich und rücksichtsvoll
mit seinen Mitschülern umzugehen.

Der Mobber fühlt sich mächtig und das Opfer fühlt sich sehr erniedrigt.

Wie wirkt sich Mobbing auf das Opfer aus?

Kinder, die gemobbt werden, leiden meist still
und werden ängstlich, unsicher
oder auch depressiv.
Der gemobbten Person werden seelische und
körperliche Gewalt zugefügt.
Mobbing endet nicht von selbst.

Lügen und Gerüchte werden verbreitet.
Die Person, die in der Schule oder
am Arbeitsplatz mobbt,
will einer anderen Person Gewalt antun.

Sie zweifelt die Fähigkeiten der gemobbten
Person an und übt Kritik an ihrer Arbeit.
Die gemobbte Person
wird wie Luft behandelt, beleidigt oder gekränkt.
Mobbing geschieht über eine längere Zeit.

Die gemobbten Menschen fühlen sich hilflos
und haben Angst. Ihr Selbstwertgefühl wird
verletzt. Aus eigener Kraft kann die Situation
nicht verbessert werden.

**Beendet werden kann diese Situation nur durch
Eltern, Lehrer, Chefs usw.
Eine Lösung würde nämlich den Gewinn der
Mobberin gefährden.**

Mobber schlagen auch kräftig zu.
Sie haben kein Mitleid mit ihren Opfern,
denn sie wollen doch unbedingt Anerkennung,
Sicherheit und Macht erhalten.
Ihre Stellung in der Gruppe oder in der Klasse
wollen sie auch festigen.

Was ist der Grund für Mobbing?

Besonders häufig werden Kinder
und Jugendliche gemobbt,
weil sie aus irgendeinem Grund
anders sind als die anderen Kinder.

**Mal ist es die falsche Kleidung,
mal ihre Schüchternheit,
mal ihr Aussehen (rote Haare),
der Dialekt oder ihr gutes Können in der Schule.**

Hat sich die gemobbte Person
in die Verliererrolle zurückgezogen,
dann wird sie mehr und mehr offen gemobbt.
Meistens trifft es die Kinder,
die wenig Anschluss in der Klasse haben
und sich deshalb auch nicht wehren können.

Wirst du von einem Mobber gehänselt,
der dir körperlich überlegen ist, dann
solltest du dich lieber nicht wehren.

Jede Schulklasse kann aber etwas tun,
um Mobbing vorzubeugen, nämlich:
**Ihr müsst öfter und offener in der Klasse
über Mobbing sprechen.**

Die Gefahr verringert sich dann,
dass in eurer Klasse gemobbt wird.

Wirst du gemobbt? Dann sprich mit einem
Erwachsenen, dem du vertraust, auch dann,
wenn ein anderes Kind gemobbt wird.

Gewalt anzuwenden ist keine Lösung!

> **Gewalt hat schreckliche Folgen.
> Sie verursacht Angst, Schweißausbrüche,
> Bauchschmerzen, Isolation, Probleme in der
> Schule und auch noch Einsamkeit.**

Bibi erzählte vor ein paar Wochen: „Seitdem ich mir das Video von meinen Freundinnen im Netz angesehen habe, traue ich mich nicht mehr vor die Tür. Ich habe Angst, zittere und kann mich nicht mehr konzentrieren. Ich weiß auch nicht, wie ich meinen Freundinnen bei diesem schrecklichen Video helfen kann. Inga hat schon geäußert, dass ich ein Feigling und Schwächling sei. Ich habe auch das Gefühl, dass mich alle schief angucken, weil sie sich auch das Video angeschaut haben.

Peter, der das Video ins Netz gestellt hatte, hat sich schon bei uns entschuldigt, aber das reicht leider nicht. Im Nachhinein tut es ihm auch sehr leid. Viele andere Menschen haben diese schreckliche Tat gesehen. Sie wissen natürlich nicht, <u>dass das eine Probe für ein Stück im Kindertheater war.</u>

Peter musste wegen dieser schrecklichen Tat auch die Schule verlassen. Jetzt geht er auf eine Schule in Schwetzingen. Ich bin mir aber sicher, dass auch dort einige Schüler das Video gesehen haben. Peter hat sich nämlich mit seinem eigenen Bild als Initiator des Videos ins Netz gestellt. Wie bekloppt muss man eigentlich sein, um dies zu machen?"

Auslöser für Mobber können verschiedene Gründe sein. <u>Er befindet sich z. Zt. in einer sehr schlechten Grundstimmung und es gibt auch</u>

<u>noch Konflikte in der Gruppe.</u> Er wählt dann ein Gruppenmitglied aus, von dem er weiß, dass er keine Unterstützung von den Mitschülern bekommt.

<u>Nein sagen zu Mobbing!</u>

FÖRDERE DAS **M**ITEINANDER!

OHNE GEWALT!

KEINE GERÜCHTE VER**B**REITEN!

KEIN KIND SCHU**B**SEN!

KEIN KIND BELE**I**DIGEN!

NICHT HINTER DEM RÜCKE**N** LÄSTERN!

KEIN KIND SCHLA**G**EN!

<u>Am 5. April 2023 stand in der Ludwigshafener Zeitung ein Artikel über Mobbing.</u>

„Angst vor jedem neuen Schultag. Alle Schüler vermissen den wirksamen Schutz vor Mobbing. Kaum Hilfe von Pädagogen. Soziale Netzwerke verstärken die Probleme auch noch."

<u>Ein Schüler sagte:</u>
„Er hofft vergebens auf Unterstützung
und fühlt sich von Freunden und Lehrkräften
auch im Stich gelassen.
Meine Freunde wollen auch nicht auf dem Radar
der Mobber landen."

<u>Ein anderer Schüler sagte sogar:</u>
„Wenn ich das Abitur nicht bräuchte,
dann würde ich die Schule abbrechen."

Da viele Schüler in den sozialen Medien gemobbt werden, hilft auch ein Schulwechsel nichts.

Mobbinghandlungen sind Straftatbestände!

Kinder werden von anderen Kindern
beleidigt, gestoßen,
geschlagen, angerempelt,
erpresst oder bedroht.

Das Mobbing in den Online-Plattformen
geht weiter.

Dann wird vielleicht noch der Wechsel
zur anderen Schule erwähnt
und eventuell die Person noch
lächerlich gemacht und vor ihr gewarnt.

Es folgen Beschimpfungen und Verleumdungen
(= Verbreitung von falschen Tatsachen).

Das Eigentum anderer Kinder
(Rucksack oder der Anorak)
wird beschädigt.

Mädchen und Jungen werden erpresst.
Sie müssen Geld
oder Wertgegenstände abgeben,
weil mit Gewalt gedroht wurde.

Kinder werden aus der Gruppe ausgeschlossen.

Die Schwächen anderer Kinder
nutzen die Mobber immer aus.

Sie wollen sie auch mit Worten bzw.
mithilfe der Sprache richtig fertigmachen.

Das sind keine lustigen Streiche! Das sind Straftaten!

Anna ist dick und hat rote Haare.
Ihre Tischnachbarin und ihre Mitschülerinnen
machen sich immer darüber lustig.
In der Pause schmierten sie ihr Quark in die
Haare, fotografierten sie und
schickten das Bild an die ganze Klasse weiter.
„Schüttle doch mal deinen Speck", rief Jana.

Lena und Vanessa können sich nicht leiden,
obwohl sie im selben Ort wohnen.

Vanessa ist nämlich mit Lukas befreundet,
einem Jungen, den Lena auch nett findet.

Lena setzt das Gerücht in die Welt,
dass Vanessa noch einen anderen Freund hat.
Nach einer kurzen Zeit redet die ganze Klasse
darüber, dass Vanessa eine Schlampe sei.

Lukas und Jan haben eine Freistunde.

Sie gehen zur Toilette und nach einer Zeit
kommt Klaus in die Toilette.

Da beide Klaus nicht leiden können,
schließen sie ihn in der Toilette ein.

Leni kann sich nicht so teure Kleidung leisten,
wie Ella sie immer trägt.
Deshalb ist sie auch auf Ella eifersüchtig.

Sie schneidet vorne ein Loch in Ellas Anorak
und beschmiert ihn auch noch
mit Schokoladenpudding.

Theo und Emil haben eine Freistunde.

Ihnen ist langweilig und sie
sind wütend wegen der 5 in ihrer Mathearbeit.
Vor Frust und Wut
bemalen sie die Wände mit Farbe.

Als Mila nach dem Wochenende
in die Klasse kommt,
sind ihr Tisch und ihr Stuhl nicht mehr da.
Mila schaut sich suchend in dem Raum um.

Hannah lacht und sagt: „Wir haben dich
aussortiert, denn so eine wie dich
wollen wir nicht in unserer Klasse haben."

Emma klaut Mila den Turnbeutel.

Mila bekommt von der Turnlehrerin einen
Verweis, weil sie ohne Turnsachen in die
Turnhalle kam, was im Klassenbuch
eingetragen wurde.
Sie musste auch 30-mal schreiben:
Ich darf nicht ohne
Turnhose, Turnhemd und Turnschuhe
in die Turnstunde kommen.

Finn ist neidisch auf Elias, weil er ein Rennrad
besitzt. Finn hat kein Fahrrad und er muss
immer zu Fuß in die Schule gehen.
In der Pause schneidet er ein Loch in den
Fahrradreifen. Elias merkt aber sofort,
dass sein Radschlauch zerstochen wurde.

Finn geht an ihm vorbei und lacht. Dann sagt er:
„Wer kann das denn verursacht haben?
Beschwere dich doch beim Direktor."

Verhalten in Bedrohungssituationen:

Du musst Kontakt zum Angreifer halten!
Ruhig bleiben, aber aktiv werden,
denn ein kurzes Ansprechen hilft schon.

Versuche, mit dem Täter in Kontakt zu treten.
Spreche ihn an und halte Blickkontakt.
Nur so kannst du die Situation
mitbestimmen und auch gut lenken. Hör zu, was
dein Gegner sagt. Durch seine Antworten
kannst du deine nächste Reaktion planen.
Drücke dich klar und deutlich
und selbstsicher aus!

Drohungen und Beleidigungen bitte nicht
aussprechen, denn die stacheln ihn nur an!
Nur das Verhalten des Täters kritisieren,
nicht seine Person angreifen!

Wo erhält man Hilfe? [1]

Kinder und Jugendliche können
die Nummer gegen Kummer wählen.
Das Kinder- und Jugendtelefon ist
Montag bis Samstag von 14 bis 20 Uhr
unter der Nummer: 116 111 erreichbar.

Hilfe holen! Polizei anrufen!
Wenn eine Frau mit Hund in deiner Nähe ist,
musst du sie ansprechen, damit sie dann
schnell zum Täter hingeht. Du darfst
keinen Körperkontakt mit dem Täter haben.

---

[1] Quelle: Information aus der Zeitung „Die Rheinpfalz–Ludwigshafener Rundschau" vom 21. Juli 2023.

Warum werden Kinder gemobbt?

Kinder werden gemobbt, weil sie anders sind.

Sie sind nicht so wie das andere Kind,
welches die Kinder immer mobbt.

Du bist aber gut so, wie du bist!

Dich trifft auch keine Schuld,
dass du gemobbt wirst!

Du hättest es auch nicht verhindern können.

Es würde dir auch nicht helfen,
wenn du dich jetzt verstellst.

Also bleibe so, wie du bist!
So bist du auch super!

Umgang mit dem Opfer

Schüler wären gut beraten, wenn sie dem Opfer
helfen würden. Z. B. über die Tat mit der Lehrerin,
dem Direktor oder mit dessen Eltern zu sprechen.
Wichtig ist auch,
dem Opfer positive Sätze zu sagen:

Z. B.: Tina, es tut mir leid,
dass du angegriffen wurdest.
Du hast keinen Fehler gemacht, sondern Tom.
Du bist eine sehr liebenswerte und gute Person!
Es gibt keinen Grund, dich so in den Dreck
zu ziehen und dich körperlich anzugreifen.

Wie können Eltern erkennen, dass ihr Kind gemobbt wird?

Viele Kinder reden zu Hause nicht darüber, dass sie in der Schule schikaniert werden. Sie schämen sich nämlich dafür. Fragen Sie Ihr Kind, ob in der Schule alles in Ordnung ist. Das Kind hat sich sehr verändert. Es wirkt sehr traurig, spielt nicht mehr und ist teilnahmslos. Mit Freunden trifft es sich auch nicht mehr und zieht sich aus dem sozialen Umfeld zurück. Geht nicht mehr in den Turnverein oder zum Tennisspielen mit ihrer Freundin. Die Leistungen in der Schule werden auch schlechter.

Anzeichen, dass ein Kind gemobbt wird:

Das Kind möchte nicht mehr in die Schule gehen. Alleine möchte sie auch nicht mehr den Schulweg laufen. Sie hat Albträume und schläft schlecht. Die schulischen Leistungen lassen nach. Das Kind zieht sich in seine eigene Welt zurück und will keinen Kontakt mehr pflegen.
Es will nicht mehr in den Turnverein oder in den Schwimmverein gehen.
Den Klavierunterricht boykottiert es auch.
Das Kind zieht sich immer mehr zurück.
Manche Kinder beginnen zu stottern.
Sie schämen sich auch und sprechen deshalb nicht über die Gewalt in der Schule, die sie ertragen müssen.
Beim geringsten Verdacht müssen Eltern und Lehrer genau hinschauen und mit den Tätern reden.

**Warnsignale sind auch Ermüdung,
Interesselosigkeit, Leistungseinbruch
und Rückzug aus dem sozialen Leben.**

**Die Schule gefällt ihr auch nicht mehr.
Am liebsten würde sie auf eine andere Schule
an einem anderen Ort gehen.**

Wichtig ist vor allen Dingen:

**Man muss mit dem Kind über seine Probleme
sprechen und versuchen, Lösungen zu finden.
Das Kind hat täglich andere Verletzungen,
z. B. blaue Flecken oder Schürfwunden,
die es nicht erklären kann.**

**Abends kann das Kind nicht einschlafen
oder es hat Albträume.
Das Mädchen ist auch immer sehr traurig.
Sie kann nicht mehr fröhlich sein oder lachen.**

**Über die Schule erzählt es auch nichts mehr.
Es verliert dauernd Schulsachen
oder Kleidungsstücke.
Ein anderer Junge interessiert sich nicht mehr
für sein Kaninchen.**

Holen Sie sich Hilfe! [1]

**Eltern können auch die
„Nummer gegen Kummer" anrufen.**

**Das Elterntelefon ist
montags bis freitags von 9 bis 17 Uhr sowie
dienstags und donnerstags bis 19 Uhr
unter der Telefon-Nr.: 0800 111 0550 zu erreichen.**

[1] Quelle: Information aus der Zeitung „Die Rheinpfalz–
Ludwigshafener Rundschau" vom 21. Juli 2023.

Was ist Cybermobbing?

Das ist Hetze im Netz.

Unter Cybermobbing versteht man die Anwendung von Gewalt, Beleidigung, Bloßstellung und die Belästigungen von Personen im Internet und in sozialen Medien. Unwahrheiten, Gerüchte und Lügen werden erfunden, die dann über E-Mails, SMS oder in sozialen Netzwerken, in Foren, in Chats, auf Websites oder Smartphones verbreitet werden, um ihre Opfer zu verletzen und zu demütigen. Auf den digitalen Kommunikationskanälen (= Social Media) werden von Menschen viele fiese Sachen über das Mobbingopfer veröffentlicht oder sie geben Fotos und Videos von dem Mobbingopfer weiter, die das Mobbingopfer gar nicht allen Menschen zeigen wollte.
Opfer von Cybermobbing bekommen viele böse Nachrichten auf ihr Handy geschickt und sogar Morddrohungen.

Das ist verboten und nach § 107 c Strafgesetzbuch (StGB) strafbar.

Hasskommentare und ein bloßstellendes Bild werden im Netz verbreitet. Jemand wird bedroht und lächerlich gemacht. Die Täter verstecken sich hinter einer Anonymität bzw. einem Pseudonym.

Cybermobbing kann als Straftat, z. B. wie Beleidigung, üble Nachrede, Nötigung und Verleumdung, verfolgt werden.

Zur Demütigung werden heutzutage immer häufiger Kommunikationsplattformen wie WhatsApp, Instagram, Facebook, Snapchat oder Chatrooms eingesetzt.

**<u>Wer sich viel in Medien bewegt,
hat soziale Probleme
und ein aggressives Verhalten.</u>**

<u>Einmal ins Netz gestellte Bilder oder schlechte Kommentare können nur schwer oder überhaupt nicht mehr rückgängig gemacht werden.</u> Deshalb passiert es online sehr schnell, die Kontrolle über die eigenen Daten nicht mehr zu haben.

Cybermobbing erfolgt mit SMS oder per E-Mail. Das Opfer sieht seinen Mobber nicht und weiß auch nicht, wer und wie viele Menschen an den Mobbing-Aktionen beteiligt sind.

**<u>Mobbing geht alle an, die davon wissen.
Wenn man mitbekommt, dass jemand
gemobbt wird, dann ist man Mobbingzeuge.</u>**

Trotzdem tun die meisten Menschen nichts dagegen. Warum? Sie sind einfach zu bequem und gehen allen Konflikten aus dem Weg.

Wer sich so verhält, ist feige und bringt andere Menschen in Gefahr. So etwas darf nicht passieren!

Viele Mobberinnen stiften andere Menschen auch noch zum Mitmachen an.

Wer mitmacht und nichts dagegen unternimmt, ist ein Mitläufer von Mobbing.

Die Aufgabe von Erwachsenen ist es, Mobbing an der Schule zu verhindern bzw. zu bekämpfen.

Viele Opfer erkennen zu spät, dass sie gezielt gemobbt werden. Sie trauen sich dann auch nicht, Hilfe bei den Lehrern, Freunden oder ihren Eltern zu holen.

Gemeinsam mit einem Erwachsenen ist es aber einfacher, etwas gegen das Mobbing zu unternehmen.

Mobbing ist nicht okay, aber ihr dürft euch auf keinen Fall an anderen Schülern rächen. Dadurch wird die Situation nicht besser.

Haltet euch von negativen Menschen fern. Verbringt viel Zeit mit Menschen, die euch ein gutes Gefühl geben und mit denen ihr Spaß habt.

Cybermobbing und auch Mobbing sind für jeden Menschen schädlich. Es folgt ein Angriff auf seine seelische Gesundheit.

Lina bekommt seit einigen Tagen pausenlos blöde Fotos und beleidigende SMS auf ihr Handy geschickt. Wenn sie die Nummer blockiert, dann kommt etwas Ähnliches mit einer anderen Handynummer.

Sie möchte am liebsten nicht mehr auf ihr Handy schauen oder es gegen die Wand werfen.

Diese Tipps können euch gegen Mobbing helfen!

Du bist gut, und zwar so, wie du bist!
Du hast tolle Fähigkeiten und Talente.

Holt euch sofort Hilfe!

Sprecht mit euren Eltern, eurer Lehrerin, eurem Lehrer oder mit der Vertrauenslehrkraft über das Problem, die dann mit euch gegen den Täter vorgeht! **Je früher ihr euch wehrt, desto besser ist es auch für euch.**
Wenn ihr keine Vertrauensperson habt, mit der ihr über das Problem reden könnt, dann wendet euch an eine Beratungsstelle.

Ein Anruf bei der „Nummer gegen Kummer" kostet nichts und ihr bleibt anonym. Ihr müsst euren Namen nicht nennen. **Die Berater und Beraterinnen sind von montags bis samstags von 14 Uhr bis 20 Uhr unter der Telefonnummer 116 111 oder 0800 111 0 333 in ganz Deutschland zu erreichen.**

> Das Thema „Mobbing" muss auch an allen Schulen besprochen werden, z. B. durch gemeinsame Schulprojekte.

An einigen Schulen gibt es ja Schulsozialarbeiter, die sich mit dieser Problematik auskennen. **Kontaktiere sie!**

<u>**Antwortet nicht!**</u>
Bitte nicht auf fiese Nachrichten antworten!
<u>**Mobbt auch nicht zurück!**</u>
Wenn ihr nicht reagiert, dann verlieren die Mobber manchmal das Interesse und hören mit dem Mobbing auf.

<u>**Eure Beweise müsst ihr aber sichern!**</u>
Sichert und speichert alles, damit ihr später auch beweisen könnt, was über euch geschrieben wurde. Ihr müsst die Profile und die Nummern der Mobber speichern.
Macht auch Screenshots. Das ist ein Bildschirmfoto von allen Fotos und Nachrichten, die auf dem Monitor oder dem Handy zu sehen sind.

<u>**Löschen und Sperren!**</u>
Wenn ihr alle Beweise gesichert habt, dann löscht bitte, was ihr könnt. Ihr müsst Gruppen verlassen oder Verknüpfungen entfernen.
Ihr müsst die Täter überall dort sperren, wo ihr es selber könnt. <u>Bei Portalen im Internet gibt es oft die Möglichkeit, die Nutzer zu melden und die Kontakte zu sperren.</u>
Beschwert euch und ihr müsst die Angreifer in den jeweiligen Foren oder Chats melden.

<u>**Geht zur Polizei!**</u>
Bei Mobbing oder Cybermobbing wäre es gut, wenn ihr mit einer erwachsenen Person die Polizei einschaltet.
Je nachdem kann der Täter auch nach § 186 Strafgesetzbuch wegen übler Nachrede angezeigt werden.

<u>Hilfe bei Mobbing</u>

**Eltern sollten während der Krise
zu ihrem Kind stehen und mit ihm
gemeinsam Lösungen finden.**

**<u>Unbedingt die Schule in Kenntnis setzen und
das weitere Vorgehen besprechen.</u>**

**Die Täter müssen sich bei den Opfern
entschuldigen und die Inhalte auf den
Plattformen entfernen.
Die sozialen Netzwerke sollten die Eltern
gemeinsam mit ihrem Kind überprüfen.
<u>Mit Datum die Beweise sichern, z. B. von
Screenshots. (= Bildschirmfoto oder was auf dem
Monitor oder dem Handy zu sehen ist.)</u>**

Das Potenzial an Mobbing wächst

**Jeder kann auf den Social-Media-Plattformen
immer irgendetwas posten.
Jeden Tag landen Millionen Texte, Fotos und
Videos auf TikTok, Instagram oder YouTube.**

**An einer Kontrolle der Inhalte auf diesen
Plattformen ist niemand interessiert. Umstrittene
Posts (Inhalte wie Fotos, Textbeschreibungen
oder Videos) bekommen so viel Aufmerksamkeit,
und das ist es doch, was die Social-Media-
Plattformen wollen, nämlich: so viele Klicks wie
möglich zu erhalten.**

Für die Opfer von Cybermobbing gibt es kaum noch einen sicheren Ort. Böse Nachrichten erreichen sie überall und zu jeder Zeit.

Wenn die Opfer die Schule wechseln, dann sind die Beleidigungen, Fotos und Videos aber weiterhin noch im Internet zu sehen.

Cybermobbing

kann schwere körperliche Beschwerden, z. B. Bauchschmerzen, psychische Störungen, Angststörungen oder schwere Depressionen verursachen.

Die Opfer trauen sich nicht mehr aus ihrer Wohnung und sie werden natürlich schwer krank.

In ganz heftigen Fällen kann das sogar zu Selbstmordgedanken führen. Die Opfer können sich an keinen sicheren Platz zurückziehen.

<u>Im Wochenblatt Frankenthal stand am 24. März 2023 Folgendes:</u>

„Großbrand statt Bombenangriff. Auf TikTok teilte eine Person ein Video, auf dem ein angeblicher Bombenangriff in Deutschland zu sehen sei.

<u>Das stimmte aber nicht.</u>

Es wurde in Bremen aufgenommen, vermutlich bei einem Großbrand im Jahr 2020."

Was ist das Ziel von Cybermobbing?

Kein Mensch hat das Recht, einen anderen
Schüler zu verletzen, zu beleidigen,
zu misshandeln oder
falsche Informationen über ihn zu verbreiten.
Wichtig ist: **Mut statt Angst!**

Eine Person anonym so heftig zu bedrohen,
zu beleidigen und Lügen über die Person
zu verbreiten, das ist nicht lustig.

Es ist kein Scherz, jemanden
anonym bloßzustellen.

Cybermobbing kann strafbar sein.

Viele Kinder sind neidisch auf andere Kinder,
die in der Schule
sehr gute Noten schreiben.

Das Talent einer Person
wird nicht unterstützt,
sondern es wird durch körperliche
Auseinandersetzungen, Bloßstellungen
und durch falsche Behauptungen
zerstört.

Die Attacken verbreiten
sich im Netz sehr schnell.

Die Opfer sollen gedemütigt
und erniedrigt werden.

Wichtig ist es, dass du nicht auf Nachrichten antwortest, die dich belästigen oder verärgern - sonst wird die Situation nämlich noch schlimmer!

Der Mobber will deinen Ruf schädigen und dich kritisieren.

Hebe die Belästigungen mit Datum auf. Melde die Probleme an die sozialen Netzwerke.

Du musst den Absender sperren! Nutze dafür: www.saferinternet.at/leitfaden

Besprich deine Probleme mit deinen Eltern, deiner Freundin bzw. deinem Freund. Du wirst sehen, dass es eine große Erleichterung für dich ist, über deine Probleme mit einer Vertrauensperson reden zu können.

Menschen, die dich stärken und bei denen du dich wohlfühlst, musst du unbedingt finden.

Cybermobbing ist strafbar!

Willst du angezeigt werden?
Kein Mensch verdient es,
gemobbt oder schlecht gemacht zu werden.

Schuld sind die Täter, nicht die Opfer.

Stell dir vor, du bist die gemobbte Person.

Wie würdest du dich dabei fühlen, wenn jemand Folgendes über dich ins Netz stellt:

„… hat im Kaufhaus … 2 Kleider gestohlen.
… betrügt ihren Freund … mit …
… hat der Lehrerin … die Reifen zerstochen."

Am 22. Februar 2023 **fand der Internationale „Behaupte dich gegen Mobbing-Tag!" statt.**

Er findet immer zweimal im Jahr statt, und zwar am letzten Freitag im Februar und am 3. Freitag im November. An dem Tag soll ein Zeichen gegen Cybermobbing gesetzt werden.

Gemobbte Kinder bekommen immer folgende Sätze zu hören:
Das ist doch nicht schlimm, was er gesagt hat.
Vergiss doch die ganze Sache!
Das macht doch nichts,
wenn du mal ausgelacht wirst.
Hör doch auf, Angst zu haben!

Quelle: https://www.schulische-gewaltpraevention.de
https://www.saferinternet.at „Aktiv gegen Cybermobbing …"

Hilfe bei Cybermobbing

Wenn du dir aber lieber zuerst mal anonym Rat holen willst, dann kannst du dich an das Beratungsteam von Jugendlichen auf www.juuuport.de wenden oder du rufst die Nummer gegen Kummer 116 111 an.
Wirst du gemobbt? Dann rufe bitte die 116 111 an!
Quelle im Internet unter:
Wo kann ich Cybermobbing in sozialen Netzwerken melden?

Wenn jemand in einem sozialen Netzwerk belästigt wird, dann solltest du dies an die Seitenbetreiber melden. Soziale Netzwerke bieten dafür eigene Meldemöglichkeiten:
Auf Facebook kannst du Beiträge oder eine Person melden. Auf Instagram kannst du Fotos, Kommentare, eine Story oder ein Konto melden.
Quelle im Internet unter:
https://www.klicksafe.de › Themen

Wie kann man sich vor Cybermobbing schützen?
Vorbeugende Maßnahmen bieten optimalen Schutz, damit erst gar kein Nährboden für Cybermobbing entsteht. Eine ganz konkrete Maßnahme ist der Schutz der eigenen Privatsphäre im Internet. Sind beispielsweise sämtliche persönlichen Daten in sozialen Netzwerken für alle öffentlich einsehbar, so schafft das eine ideale Angriffsfläche für Cybermobber.
Quelle im Internet unter:
https://www.arag.com/de/cybermobbing/hilfe/

<u>Geben Sie Hilfe zur Selbsthilfe, indem Sie Ihrem Kind die folgenden Punkte ans Herz legen:</u>

<u>Gib im Internet möglichst wenige private Daten preis.</u>

<u>Schau dir deine Online-Freunde genau an und vertraue niemandem voreilig. Im Internet kannst du dir nie zu 100 Prozent sicher sein, mit wem du es zu tun hast.</u>

Schreite ein, wenn du siehst, dass andere Opfer von Cybermobbing oder Mobbing werden.

<u>Beachte beim Anlegen eines Profils die Sicherheits- und Privatsphäre-Einstellungen. Es reicht, wenn deine Freunde und deine Familie deine Seite sehen können.</u>

<u>Google dich gelegentlich selbst, um zu prüfen, was im Netz über dich auftaucht.</u>

Bringe möglichst <u>keine privaten Bildmaterialien, wie Fotos und Filme, in Umlauf. Erst nachdenken, dann schreiben.</u>

Überlege dir sorgfältig, was du sagst oder schreibst, bevor du einen Kommentar oder eine Nachricht veröffentlichst. Persönliches sollte im Internet gar nicht zum Thema werden.

Behandle andere immer mit dem Respekt, mit dem du auch selbst behandelt werden möchtest.

<u>Quelle im Internet unter:</u>
https://www.arag.com/de/cybermobbing/hilfe/

<u>Quelle im Internet unter:</u>
https://www.bsi.bund.de › hilfe-fuer-betroffene_node
Cybermobbing und Cyberstalking – Hilfe für Betroffene.

Grundsätzlich gilt, dass wohl jeder Fall anders ist, weil nicht nur die Taten selbst, sondern auch die Täter verschieden sind. Das gilt sowohl für Cybermobbing als auch für Cyberstalking.

<u>Quelle im Internet unter:</u>
https://www.bsi.bund.de › hilfe-fuer-betroffene_node

Cybermobbing

Wenn du im Internet gemobbt wirst, dann nimm das Problem bitte ernst. Es hilft nicht, die ganze Sache zu verharmlosen. Gib dich nicht mit der Opferrolle zufrieden. **Blockiere die Person, sodass diese dir keine Nachrichten mehr zuschicken kann. Antworte auch nicht auf bereits zugestellte Nachrichten.**

Informiere den Anbieter des Dienstes, der zum Mobbing gegen dich verwendet wurde. Fordere diesen auf, **das Profil des Täters zu löschen** und seinen Zugang zum Dienst zu sperren. **Sichere die Beweise!**
Mach zum Beispiel Bildschirmfotos.

Jugendliche tendieren dazu, Probleme selbst lösen zu wollen. In diesem Fall solltest du dich aber auf jeden Fall an einen Lehrer und an die Eltern wenden. Die Erfahrung zeigt, dass dies der richtige Schritt ist und dass der Schüler, der Mobbing den Eltern und Lehrern gegenüber mitteilt, bei Mitschülern nicht als Schwächling angesehen wird. Wer dennoch weder Eltern noch Lehrer einschalten möchte, kann anonym bei der „Nummer gegen Kummer" anrufen.
Auch Erwachsene sollten Freunde hinzuziehen. Rückhalt stärkt und macht Mut. Zwei Personen haben mehr Ideen als eine. Cybermobbing selbst ist kein Straftatbestand. **Aber in Cybermobbing können einzelne Straftaten stecken. Deswegen solltest du dich an die Polizei wenden und Anzeige erstatten.**
Quelle im Internet unter:
https://www.bsi.bund.de › hilfe-fuer-betroffene_node

Cyberstalking

Wenn du den Verdacht hast, dass dein Smartphone ausspioniert wurde und du Hilfe suchst, dann nutze dafür aber ein anderes Gerät. So erfährt der Täter nichts davon.

Sichere die Beweise, falls dies möglich ist.

Stalking kann strafbar sein. Du kannst dich an die Polizei wenden und Anzeige erstatten.

Setze dein Smartphone auf Werkseinstellungen zurück.

Installiere alle Apps neu und vergib neue, individuelle Passwörter an deine wichtigen Accounts, zum Beispiel an die E-Mail, soziale Netzwerke oder Cloud-Dienste.

Es ist mit entsprechender Fachkenntnis und mit länger andauerndem Zugang zu deinem Gerät nicht vollständig auszuschließen, dass für dich unsichtbare und eventuell nicht erkennbare Stalkerware (= ein gefährliches digitales Spionagetool) installiert worden ist.

Die lässt sich auch nicht durch das Zurücksetzen auf Werkseinstellungen entfernen.

Wenn du vermutest, dass dies der Fall ist, dann bleibt dir nur ein anderes Gerät zu verwenden.

Kinder müssen das Streiten lernen!

<u>Nur wer richtig streiten kann,</u>
<u>der bleibt auch friedlich.</u>

Antworte immer ruhig bei einem Streit.
Lass den Streiter auch ausreden.
Sei auch stets ehrlich!

<u>Immer zuerst tief Luft holen und überlegen,</u>
<u>was du dem Streiter antworten möchtest.</u>

<u>Z. B.: Ruhig Folgendes sagen, aber immer mit</u>
<u>„Ich" beginnen:</u> Ich bin wütend auf dich,
weil du mich angegriffen hast.
Ich kann deinen Hass mir gegenüber
nicht verstehen.

Wichtig ist es, dass du sagst, was du willst. Dann kann sich der Streiter auch darauf einstellen.

Streit kann viele Ursachen haben.
Z. B. Wut, Neid oder Eifersucht auf Dinge,
die der Streiter nicht hat.
Sei immer ehrlich zu dir und zu anderen,
dann gibt es auch keinen Streit!

<u>Sei nicht stur und spiele nicht die beleidigte</u>
<u>Leberwurst, denn sonst gibt es</u>
<u>keine Versöhnung.</u>
Du kannst Konflikte nicht richtig lösen, deshalb verursachen sie Wut, Angst und Frust.

<u>Du musst offen für Kritik sein,
aber dich nicht unterkriegen lassen.</u>

<u>Über welche Situation könntest
du dich ärgern?</u>

Z. B.:
Wenn du beschimpfst oder ausgelacht wirst.
Von der Gruppe ausgeschlossen zu werden.
In der Klasse findest du keine Beachtung mehr.

<u>Eine Mitschülerin sagt zu dir:</u>
„Du kannst kein Schach spielen?
Wie doof bist du denn?"

Beim Turnen rempelt dich ein Schüler an.

An deinem Fahrrad wurde die Luft an den
Reifen herausgelassen.

In der Pause spuckt dich ein Schüler an.

Ihr müsst das Streiten üben!

Erfolgreiches Streiten hat viele Regeln!
Hilfreich ist auch das Einüben der Regeln,
das unbedingt geübt werden muss!

Richtiges Streiten kann auch die Beziehung zwischen den Kindern stärken.

Beginne das Gespräch nicht mit einem Vorwurf!
Immer in der Ich-Form sprechen!
Sofort das Problem ansprechen,
das aufgetreten ist!
Sich nicht immer gegenseitig unterbrechen!
Stets beim Thema bleiben!

Ab sofort Beschuldigungen und Verletzungen
nicht mehr anwenden!
Nach Lösungen und nicht nach
Problemen suchen!
Den Mitschüler mit Namen ansprechen
und ihn auch anschauen!

Die andere Person immer ausreden lassen.
Immer nur auf das Gesagte antworten.

Wenn man wütend ist, ist es hilfreich,
erst einmal tief Luft zu holen
und nachzudenken.
Frage dich: Lohnt es sich,
über diesen Vorfall zu streiten?
Dann verliere ich vielleicht meinen Freund.

Wer immer sofort ausrastet, kommt nicht weiter!
Sich nach dem Streit mit einer Umarmung
wieder versöhnen! Das ist sehr wichtig!

Gut wäre auch ein Kummerkasten in der Schule!

Besprecht dies mit eurer Lehrerin oder eurem Lehrer.

Wenn eine Schülerin oder ein Schüler Probleme hat, dann kann er oder sie diese schriftlich und anonym (ohne Namen) in den Kummerkasten werfen.

An einem Tag in der Woche werden dann die Probleme, die im Kummerkasten abgelegt wurden, mit eurer Lehrerin und mit eurem Lehrer besprochen.

Ihr könnt auch ein Schulprojekt oder ein Theaterstück zum Thema Mobbing und Cybermobbing starten!

Alle Schüler müssen als Hausaufgabe etwas für das Theaterstück aufschreiben.

Z. B.:

Was hat euch in den letzten Wochen zornig gemacht?
Über welche Kommentare hast du dich am meisten geärgert?

Welche Angriffe fanden schon mal statt?

Hattest du schon mal Angst, in die Schule zu gehen?

Hat dir bei einem Streit kein Mitschüler geholfen?

Theaterstück:
Mobbing und Cybermobbing haben keinen Platz in unserer Schule!

Noah und Sofia mussten in Kurzform erklären, was Mobbing ist.
Sie schrien: „Es ist eine Schikane, Intrige, Gewaltanwendung, Terrorisierung, Verbreitung von Lügen und Misshandlung durch Angriffe auf einen Menschen.“

Dann gingen Ben und Sofia nach vorne.
Sie stellten ein Plakat hin, auf dem stand,
was man unter Cybermobbing versteht.
„Hier handelt es sich um Internet-Mobbing.
Es wird eine Person über das Internet schikaniert und beleidigt.
Es werden peinliche Bilder und Videos über das Opfer ins Internet gestellt.
Das Schlimmste ist aber:
Wenn einmal ein Video oder Bilder im Internet
sind, dann verbreiten sie sich weltweit.
Als Grund nannten sie persönliche Auseinandersetzungen mit dem Opfer.
Es gibt auch keinen Rückzugsort bei Cybermobbing.“

Welche Gründe gibt es für Cybermobbing?
Meistens ist es die Folge von Streitereien, Schikanen, Eifersucht auf die guten Schulleistungen oder sogar auf das Fahrrad, das das Opfer fährt.
Anschließend stellten sich alle Schülerinnen und Schüler in der Aula vorne hin.

Die Lehrerin stellte die Fragen:

**„Leon, erzähl mal bitte,
worüber du dich vor Tagen geärgert hast!"**

Leon überlegte kurz und sagte dann:
„<u>Emma</u> hat so einen schönen Hund.
Sie nimmt mich auch immer mit,
wenn sie mit dem Hund Gassi geht.
Ich habe mir zum Geburtstag auch einen Hund
gewünscht, aber mein Wunsch ging leider nicht
in Erfüllung. Jetzt bin ich traurig und finde mein
Leben nicht mehr lebenswert."

<u>Emma</u> ergriff sofort das Wort und sagte:
„Lieber <u>Leon!</u> Lollo bekommt ja Junge und dann
gebe ich dir natürlich einen Welpen ab."

Leon lief sofort auf Emma zu, umarmte sie und
sagte: „Vielen Dank im Voraus, liebe Emma.
Darüber freue ich mich aber jetzt schon sehr.
Danke, danke! Du bist immer so lieb zu mir."

**„Sofia, was hat dich in den letzten Wochen
zornig gemacht?"**

„Meine 6 in Mathematik, obwohl ich täglich mit
Mila geübt hatte. <u>Mila</u> hat eine 2 bekommen. Das
hat mich wahnsinnig geärgert und mich auch
zornig gemacht. Warum habe ich nicht auch
eine 2 bekommen? Das konnte ich nicht
begreifen. Ich habe meine und Milas Lösungen
dann verglichen. Meine Rechenarten waren alle
falsch. Ich glaube, Mila hat mir extra eine
falsche Rechenart aufgeschwatzt, die ich auch
angewendet habe, weil ich ja vorher krank war",
erzählte <u>Sofia</u> und verzog ihr Gesicht.

**„Elias! Hat ein Mitschüler dir schon mal
bei einem Streit geholfen?"**

**„Ja, es war <u>Ella,</u> die mir sehr geholfen hatte.
<u>Kay</u> hat nämlich behauptet, ich hätte seinen
Ranzen versteckt, was ja nicht stimmte. Er hat
mich auch angegriffen. Dann ging Ella
dazwischen und teilte Kay mit, dass er seinen
Ranzen auf seinem Fahrrad hat hängen lassen.
Er ging dann sofort zu seinem Fahrrad hin
und holte seinen Ranzen.**

**Anschließend hat sich Kay aber bei mir
entschuldigt und mir am Nachmittag ein
Schokoladeneis geschenkt", erzählte Elias.**

**„Wenn sich Ella nicht eingemischt hätte,
dann hätte dich Kay mit Sicherheit verkloppt",
rief <u>Paul</u> in die Runde.**

**„Paul, über welche Kommentare
hast du dich schon mal am meisten geärgert?"**

**„Über die blöden Sprüche einiger Schüler beim
Turnen. Denen gefallen nämlich meine alten
Turnschuhe nicht. Aber meine Mutter ist krank
und sie kann nicht arbeiten gehen.
Folglich kann sie mir auch keine
neuen Schuhe kaufen", sagte <u>Paul</u>
und zog eine hässliche Grimasse.**

„Lina, worüber hast du dich geärgert?"

**„Unser <u>Mathematiklehrer</u> bevorzugt immer die
Knaben. Wenn ich aber eine Antwort weiß,
dann darf ich sie manchmal auch sagen",
äußerte sie wütend.**

**„Matteo, hattest du schon mal Angst,
in die Schule zu gehen?"**

„Ja! Natürlich! Das war im letzten Jahr, als
meine Oma krank war. Ich musste nämlich
immer für sie einkaufen, die Teller spülen
und auch ihre Wäsche waschen.
In der Zeit konnte ich keine Hausaufgaben
anfertigen. Der liebe <u>Felix</u> hat mir dann immer
die Lösungen übergeben, damit ich nicht
auffalle und von der Schule geschmissen
werde", erklärte <u>Matteo.</u>

„Mia, werden deine Wünsche immer erfüllt?"

„Nein! Natürlich nicht!
Meine <u>Tante Adelheid und meine Oma</u> erfüllen
mir aber meistens meine Wünsche.
Dann bin ich auch wieder zufrieden",
berichtete <u>Mia</u> mit einem Lächeln im Gesicht.

**„Werden deine Wünsche immer erfüllt,
lieber Felix?"**

„Ja, meistens. Ich helfe unserer Nachbarin
nämlich immer beim Einkaufen und mähe
auch jeden Samstag ihren Rasen.
Sie hat keine Kinder und ist deshalb sehr froh,
dass ich mich immer um sie kümmere",
sagte <u>Felix</u> und kratzte sich am Hinterkopf.

**„Theo, bekommst du auch immer deine
Wünsche erfüllt?"**

„Nein", sagte <u>Theo,</u> „denn ich lebe bei meiner
<u>Oma</u> und die hat wenig Geld."

<u>„Warst du schon mal verärgert, liebe Leni?"</u>

„Ich ärgere mich fast täglich über einige
Mitschüler, weil sie immer mit irgendwelchen
Sachen angeben müssen.
Meine Mutter ist früh gestorben und mein Vater
kann mir nicht alle Dinge kaufen,
die meine Mitschülerinnen haben.
Ich habe auch kein Smartphone, worüber einige
Mitschülerinnen immer lachen müssen",
schrie <u>Leni</u> verärgert.

<u>„Noah, über welche Angriffe musst du dich
täglich ärgern?"</u>
„Täglich werde ich beleidigt und angegriffen.
Manche Mitschüler nehmen kein belegtes
Brötchen mit in die Schule. In meiner Brotdose
sind immer 2 Brötchen mit Schinken oder Käse
drin. Letzte Woche riss mir ein Schüler von
hinten mein Brötchen aus der Hand und haute
mir noch seine Faust auf den Kopf.
<u>Felix</u> hat das aber alles beobachtet.
<u>Er und Kay</u> hielten <u>Fritz</u> fest und nahmen ihm
das Brötchen ab.
<u>Felix</u> brachte mir aber mein Brötchen zurück",
schimpfte <u>Noah</u> und zitterte am ganzen Körper.

<u>„Welche Angriffe musstest du schon mal
ertragen, liebe Hanna?"</u>

„Angriffe nicht, aber Ausgrenzungen von der
Musiklehrerin. Sie beachtet mich nicht und
grenzt mich auch noch aus. Ich darf nie alleine
ein Stück mit der Flöte vorspielen. Andere
Kinder dürfen das aber immer", schrie <u>Hanna.</u>

<u>„Henry, jetzt bist du dran!
Wurdest du schon mal schlecht behandelt?"</u>

„Ja, und zwar täglich von <u>Leo,</u> das ist der Sohn
von unserem Nachbarn. Er wirft mir dauernd
irgendeine Nuss an den Kopf, wenn ich im
Garten bin, und haut dann sofort ab.
Ich war gestern bei seiner Mutter und habe mich
über ihn beschwert. Die <u>Mutter und auch Leo</u>
haben sich anschließend <u>sofort bei mir
entschuldigt.</u> Ich hoffe, dass <u>Leo</u> mich jetzt in
Ruhe lässt, wenn ich in unserem Garten bin",
sagte <u>Henry.</u>

<u>„Ich habe Leo auch schriftlich einen Spruch
übergeben:</u> Vermeide es, anderen Kindern
etwas anzutun, was dir selbst nicht recht wäre",
teilte Henry der Klasse noch mit.

Alle riefen: „Das hast du prima gemacht!"

<u>„Maja, hattest du schon mal Angst,
in die Schule zu gehen?"</u>
„Vor den Sommerferien hat mich
<u>Jakob</u> in der Pause geschlagen und er klaute
mein Käsebrötchen aus meiner Hand.
<u>Felix</u> lief auf uns zu
und riss ihm das Brötchen aus seiner Hand.
Er sagte zu <u>Jakob:</u>
So etwas darf nie mehr passieren, sonst
beschweren wir uns bei unserem Klassenlehrer.
Anschließend entschuldigte sich <u>Jakob</u>
auch sofort bei mir. Er meinte, es war doch nur
ein schelmischer Witz.
Du hast mich geschlagen -
das ist doch kein Witz", schrie <u>Maja</u> verärgert.

**„Finn, über welche Kommentare hast du dich
denn schon mal sehr geärgert?"**

**„Vor Wochen sagte Emma zu mir:
,Du wirst nie Tennis spielen können,
weil du so ein Angsthase bist'.**

Ich antwortete nicht auf diesen bösen Satz.

**Dann mischte sich Ella ein und rief:
,Warum bist du so gehässig zu Finn?
Er spielt doch mit mir Tennis
und er ist ein sehr guter Tennisspieler'.**

**Mit rotem Kopf und Wut im Bauch ging
Emma dann weg", schilderte Finn lächelnd.**

„Mila, warst du schon mal verärgert?"

**„Ich ärgere mich täglich über Anschuldigungen,
die immer von einigen Mitschülern
ausgesprochen werden,
die aber nicht stimmen.**

**Dann fallen auch noch böse Sätze wie:
Mila kann ich nicht leiden.
Sie ist doch eine Niete.
Die ist doch viel zu dumm.
Aus der kann nie etwas Vernünftiges werden.**

**Letzte Woche sagte Emilia zu Finn:
,Fürs Skifahren bist du doch gar nicht fähig'.**

**Ich mischte mich ein und teilte ihr mit,
dass ich Finn schon öfter in der Schweiz
beim Skilaufen gesehen habe", sagte Mila.**

„Emilia, wer ärgert dich immer?“

„Ich bin ein armes Kind, weil mein Vater bei
einem Autounfall vor 5 Jahren ums Leben kam.
Meine Mutter erledigt den Haushalt in 3
Familien. Das Geld reicht aber gerade für die
Lebensmittel und für die notwendige Kleidung.
Sehr sparsam ist meine Mutter. Deshalb kann
ich mir auch nicht immer neue T-Shirts kaufen.

Wenn ich einen Pullover eine Woche lang
anziehen muss, dann fangen
einige Mädchen an, mich zu beleidigen.
Den Pullover trage ich aber nur in der Schule.
Daheim trage ich immer andere Kleidung.

Karina und Emil, die hinter mir sitzen,
beschmierten mir von hinten meinen schönen
Pullover mit Farbe
und lachten auch noch darüber.
Den Pullover haben sie mit ihrem Smartphone
fotografiert und die Bilder per E-Mail an alle
Schüler der Klasse gesendet.

Zwei Tage später wurden die Bilder von ihnen
auch mit bösen Kommentaren
ins Internet gestellt“,
erzählte Emilia und sie musste weinen.

„Wisst ihr, was der Name ‚Felix‘ bedeutet?“,
fragte die Lehrerin. „Nein“, schrien alle Schüler.
„Felix bedeutet: Der Glückliche, er ist
erfolgreich, glücksbringend und vom Glück
begünstigt“, erzählte die Lehrerin.
Sofort riefen alle Schüler: „Das stimmt! Er ist
auch unser bester Freund! Felix hilft uns auch
immer, wenn wir in Not sind.“

<u>**Lilli Lustig meldete sich.**</u>
<u>„Ich möchte auch was sagen.</u>
**Jeder Schüler muss herausfinden,
was ihn besonders glücklich macht.
Mein großes Glück dieser Erde liegt
auf dem Rücken der Pferde", sagte Lilli.**

<u>**Tim Trübsal teilte den Schülern Folgendes mit:**</u>
**„Wir müssen unsere positiven Eigenschaften
und Stärken erkennen, entdecken
und auch aufschreiben.**

**Welche Träume haben wir,
die uns motivieren und lebendig halten?**

Schluss mit negativen Gedanken!

<u>**Mit allen Schulkindern müssen wir
freundlich umgehen!"**</u>

<u>**„Genau, das wäre super!",**</u> **riefen die Schüler.**

<u>**Peter Griesgram sagte:**</u>
**„Ich habe von meiner Oma ein Poster geschenkt
bekommen und es in meinem Zimmer
aufgehängt. Auf dem Poster steht Folgendes:**

<u>***Familienregeln:***</u>
**Liebt euch! Helft euch gegenseitig!
Seid glücklich! Zeigt Mitgefühl!
Macht aus allem das Beste!
Lebt eure Träume!
Sagt immer ‚DANKE' und ‚BITTE'!
Zeigt Dankbarkeit! Habt Respekt voreinander!
Bedankt euch immer mit einer Umarmung und
mit einem Kuss auf die Wange!"**

Vorschläge, damit es euch wieder gut geht!

Hilfreich ist die Teilnahme an einem
Selbstverteidigungskurs oder
Selbstbehauptungskurs für Kinder.
(Siehe hierzu Seite 74 – 77 in diesem Buch.)

**Bei einem mündlichen Angriff einfach lachen
oder dich umdrehen und nicht reagieren!**

**Jeder dritte Schüler bzw. jede dritte Schülerin
wird oder wurde schon einmal gemobbt.**

**Lachen ist die beste Medizin und eine tolle
Methode, um Stress abzubauen!**

**Wer viel lacht, lebt gesünder, ist kreativer,
hat mehr Freunde und ist auch erfolgreicher.
Alle Menschen bauen dadurch Stress ab
und das stärkt auch noch ihr Immunsystem.
(Quelle: die Lachyoga-Bewegung.)
Im Lach-Yoga lacht man auch ohne Grund.**

**Du darfst dich nicht ärgern lassen!
Lachen ist das Feuerwerk der Seele!**

**Nicht auf blöde Witze oder Beleidigungen antworten!
Immer freundlich mit anderen Menschen reden.
Sucht euch Freunde aus,
die dieselben Interessen haben und
in deren Nähe ihr euch wohlfühlt.
Im Verein lernt ihr auch liebe Freunde kennen,
mit denen ihr Tennis oder
Federball spielen könnt.**

Lass es raus!

Alles in sich hineinfressen, das bringt nichts.
Du kannst auch sofort sagen,
dass du wütend bist.
Sage es aber sehr vorsichtig!
Z. B.: Ich bin wütend.
Nur wenn man sagt, was man will,
können sich andere darauf einstellen.

Sei immer ehrlich!

Viele Kinder haben Angst,
nicht mehr beachtet zu werden.
Deshalb schweigen sie lieber.
Sei immer ehrlich zu dir
und zu anderen Menschen!
Gib jedem Mitschüler eine Chance,
damit ihr euch auch wieder vertragen könnt!

Sei nicht hartnäckig oder trotzköpfig!

Bevorzuge nicht deine Meinung,
wenn du ein Problem lösen willst!
Höre dir auch die Argumente
deiner Freunde und deiner Eltern an.
Sie helfen dir vielleicht,
das Problem besser zu lösen.

Lieber mal laut sein als schweigen!

Ihr bringt euch in die Isolation,
wenn ihr euch von der Gemeinschaft abkapselt.
Es ist auch sehr wichtig,
mal laut zu werden,
als immer alles in sich wegzustecken.
Durch den Austausch
ist vielleicht auch eine Annäherung
mit dem Freund wieder möglich.

Gewalt wird oft gefeiert und beklatscht.

Wichtig: Gewaltopfer sollten sich die Wut nicht anmerken lassen.
Das Opfer sollte es schaffen, gleichgültig zu wirken. Dann ist es auch bald für den Täter uninteressant.

Am 18. Juni 2023 stand folgender Artikel in der **FAZ** (= Frankfurter Allgemeine Sonntagszeitung):

„**Eine Situation aus der Umkleidekabine nach dem Sportunterricht:**
In dem Moment, wo sich der Junge den Pulli über den Kopf zog und nichts sehen konnte, sind sie zu viert auf den Jungen los und haben auf ihn eingeschlagen, und das völlig ohne Grund.

Das war dann einfach lustig, die hatten Bock auf Gewalt."

Würgen auf dem Schulhof oder ein Tritt ins Gesicht. So brutal gehen Kinder heutzutage miteinander um.

Kinder schmücken sich regelrecht mit Gewaltvideos.
Das traumatisiert das Opfer komplett.

Wir brauchen mehr Angebote in Schulen für Kinder mit diesen Gewalttaten.
Z. B.: Schulsozialarbeit, Anti-Gewalt-Training, Sozialarbeiter und Jugendhilfe.

Gewaltprävention

<u>Prävention</u> = vorbeugende Maßnahmen,
damit keine Gefahren auftreten.

<u>Es sind Maßnahmen zur Vorbeugung
von gewalttätigen Auseinandersetzungen.</u>
Wichtig ist es, für einen friedlichen Schulalltag zu sorgen. Dazu müssen öfter Gesprächsrunden mit allen Schülern stattfinden, um ihnen klarzumachen, <u>wie schön und wie wichtig ein friedliches Miteinander für alle Schüler von Vorteil ist.</u> Die Kinder fühlen sich dann in der Schule auch wohl und sie lernen auch viel besser. Das Zusammengehörigkeitsgefühl muss auch in allen Klassen gestärkt werden.

<u>Gewalt hat in der Schule nichts zu suchen!</u>

<u>Wenn Eltern hören, dass ihr eigener Nachwuchs Opfer von Gewalt geworden ist, dann müssen sie auch handeln.</u> Sie müssen die verantwortliche Lehrerin, den Schulleiter und evtl. auch die Schulaufsicht in Kenntnis setzen. Die Lehrkraft und auch der Schulleiter werden dann ein Auge auf diese schreckliche Situation werfen und das Kind, das für diese Gewalt die Schuld trägt, auch besser und häufiger beobachten.

Ganz wichtig ist es, <u>dass Eltern in so einem Fall zu ihrem Kind halten und es auch unterstützen.</u>
<u>Sie teilen dem Sohn auch mit,
dass er keine Schuld an diesen Übergriffen hat.</u>
<u>Sie sagen zu ihrer Tochter auch:
Du bist gut und sehr wertvoll, so wie du bist!</u>

Wie kann man Gewalt in der Schule verhindern?

<u>**Ein Schild im Klassenraum aufhängen!**</u>

Wer andere Kinder mobbt,

also auslacht, angreift, schlägt, verspottet, schikaniert, Gerüchte verbreitet oder Unwahrheiten erfindet und hinter dem Rücken tuschelt und lästert,

der ist selber nicht besonders klug!!!

In der Klasse muss ein respektvoller Umgang miteinander eingeübt und geprobt werden.

Streiten gehört zu unserem Leben. Wichtig ist es aber, wie man streitet. Man muss immer versuchen, Kompromisse zu finden, um sich wieder zu einigen und zu versöhnen.

<u>**Es dürfen auch keine bösen Worte fallen.**</u>

Keiner darf den anderen Schüler beleidigen, beschimpfen oder gar angreifen.

<u>**In der Schule muss das richtige Streiten geübt und einstudiert werden, und zwar ohne Gewalt - evtl. durch ein Theaterstück.**</u>

Wie fühlt sich das Mobbingopfer?

Wer gemobbt wird, leidet sehr,
und zwar sein Leben lang.

Als Mobbingopfer hat man das Gefühl,
dass man für die Mitmenschen
bedeutungslos und unwichtig ist.

Man fühlt sich wertlos und ist
für die Klassenkameraden wie Luft.

Die meisten haben Angst, sind traurig
und sehr unglücklich.

Sie fürchten sich vor dem nächsten Tag.

Sie klagen über starke Übelkeit, Kopfschmerzen
und Bauchschmerzen.

Ihr Leben ist eine einzige Katastrophe.

Manche wollen auch nicht mehr leben.

Die Konzentration lässt nach.

Mobbingopfer fühlen sich hilflos, ohnmächtig
und ihr Selbstwertgefühl leidet sehr.

Die Kinder leiden ihr Leben lang an den
Folgen der Mobbingtaten.

<u>Das Schlimmste ist, dass man allein ist,
nicht wertvoll und auch nicht dazugehören darf.</u>

A B C - Rätsel

**Löse die Aufgaben und trage die
fehlenden Buchstaben in die Kästchen ein!**

Später Teil des Tages:

A [b] [ ] [ ] [d]

Spielzeug:

B [a] [ ] [l]

10 Sänger:

C [ ] [o] [r]

Das schützt das Haus vor Regen:

D [a] [ ] [h]

Frau von Adam:

E [v] [ ]

Drahtesel:

F [a] [ ] [r] [r] [ ] [d]

Entenvogel:

G a ☐ s

Nagetier:

H a ☐ s t ☐ r

**Säugetier,
das man nicht anfassen soll,
weil man sich verletzen kann:**

I ☐ ☐ l

Sohn Gottes:

J e s ☐ s

**Schenkt man einer sehr lieben Person,
wenn man sie trifft:**

K ☐ ☐ s

Davon kann man herunterfallen:

L e ☐ t ☐ r

Erster Wochentag:

M o ☐ t ☐ ☐

Wann schlafen die meisten Menschen?

In der **N** ☐ ☐ h t

Braucht man zum Kochen:

O ☐ e ☐

**Vogel,
der einen Kopf mit einem kräftig
gekrümmten Oberschnabel hat
und bunt aussieht:**

P a ☐ a ☐ e ☐

Milchprodukt:

Q ☐ ☐ r k

Mit dem Gerät kann ich etwas hören:

R ☐ d ☐ o

Ein Stern, der der Erde am nächsten ist:

Die **S** o ☐ ☐ e

Ein hohes freistehendes Gebäude:

T ☐ r ☐

**Der kleine Zeiger zeigt die Stunden an
und der lange Zeiger
zeigt die Minuten an:**

U h ☐

**Er hat 2 Beine, 2 Arme, Federn
und Flügel:**

Der V ☐ ☐ e l

**Ein Stück Land,
auf dem viele Bäume stehen:**

W a ☐ ☐

**Petra hat eine
Fehlstellung
im Knie:**

X-B e ☐ ☐ e

**Soziale Plattform, die neben Comedy und Musik
für viele Anliegen ein hilfreiches Video bietet:**

You T ☐ b ☐

Dort leben viele Tiere:

Z ☐ ☐

Lösung des ABC-Rätsels:

Abend
Ball
Chor
Dach
Eva
Fahrrad
Gans
Hamster
Igel
Jesus
Kuss
Leiter
Montag
Nacht
Ofen
Papagei
Quark
Radio
Sonne
Turm
Uhr
Vogel
Wald
X-Beine
YouTube
Zoo

Schulregeln für alle Schüler!

1. Wir nehmen jeden Schüler so an, wie er bzw. sie ist!
2. Wir schließen kein Kind aus!
3. Wir beleidigen uns nicht!
4. Wir schlagen oder verletzen keinen Schüler und auch keine Schülerin!
5. Wir achten auf das Eigentum der anderen Schüler!
6. Wir verpetzen keinen Schüler, um ihn in die Pfanne zu hauen!
7. Wir haben Respekt vor jeder Schülerin und vor jedem Schüler!
8. Schlagfertigkeit üben!
9. Immer freundlich bleiben!

Unser Motto:
Eingliedern (= integrieren)
statt absichtlich nicht beachten (= ignorieren).

Ohne Regen gibt es auch kein Leben.
Ohne Wolken gibt es kein gutes Wetter.

Internetabhängigkeit macht Kinder krank.
Jugendliche, die ständig online spielen,
haben keine persönliche Bindung zu Freunden.

Mobbing-Sprüche:
Du suchst die Fehler immer bei mir,
weil du deine Fehler schon kennst.
Hässlich siehst du ja schon aus!
Du bist ja neidisch auf meine guten Noten.
Mensch, bist du doof, du weißt ja gar nichts!

Selbstbehauptungs- und Selbstverteidigungskurse für Kinder

In diesen Kursen lernt ihr,
euer Selbstbewusstsein
und euer Selbstvertrauen
zu stärken.

Beim gemeinsamen Lernen in der Gruppe
werdet ihr sehr viel Spaß haben.

Ihr müsst Vertrauen in die
eigene körperliche Stärke und
in die eigene mentale Stärke gewinnen.
Das lernt ihr auch dort.

Ihr lernt auch, ein
positives Körpergefühl zu entwickeln.

Wie ihr den Umgang mit Gewalt
im Alltag meistern könnt,
erfahrt ihr dort auch.

Euch wird auch beigebracht, wie ihr
schnell
Gewaltsituationen
wahrnehmen könnt.

Selbstbehauptungskurs für Kinder

Besuche einen Selbstbehauptungskurs, um Gewalt zu verhindern und dich selbst vor Gewalt zu schützen.

Im **Selbstbehauptungstraining**
für Kinder
erfahrt ihr die Grundlagen
über Aggression und Gewalt.

Das stärkt eure Abgrenzungs- und Durchsetzungsfähigkeit.

Die Ziele des Trainings sind:

Das Selbstwertgefühl zu erhöhen.

Mit Wut, Angst, Enttäuschung und Konflikten möglichst gewaltfrei umzugehen.

Es wird auch trainiert, **dass Selbstbehauptung von jedem Einzelnen selbst ausgehen muss.**

Die Stimme und die Körpersprache bewusst einzusetzen, das ist sehr wichtig.

Selbstvertrauen für das Wohlbefinden stärken.

Ohne Selbstvertrauen fühlst du dich unsicher.

Quelle: training-competenz.de
https://selbstbehauptung.training-competenz.de

<u>Das Training hat folgende Inhalte:</u>

**Natürliches und bewusstes Selbstwertgefühl
gibt Eigenschutz.**

Selbstbehauptung durch Selbstbewusstsein.

**Durchsetzungsvermögen.
Selbstverteidigung.
Persönliche Grenzen ziehen.
Die Stimme und die Körpersprache
bewusst einsetzen.
Vertrauen in sich selbst - besiegt deine Angst.**

<u>Quelle:</u> training-competenz.de
https://selbstbehauptung.training-competenz.de

<u>Im Selbstbehauptungskurs
lernt ihr:</u>

**Wie schütze ich mich vor Gewalt
durch ältere Schüler?**

**Wie gehe ich mit anderen Kindern um?
Wie gehen andere Kinder mit mir um?**

**Du musst deine Gefühle (Angst, Hoffnung, Freude,
Abneigung oder Enttäuschung) verstehen.**

**Deinen eigenen Gefühlen musst du vertrauen
und rechtzeitig handeln.**

**Im Rollenspiel lernt ihr, wie ihr euch in
gefährlichen Situationen verhalten müsst.
Das Rollenspiel hilft euch, Ängste abzubauen.**

<u>Quelle:</u> www.kinderschutzbund-ludwigshafen.de

Kurs der Selbstverteidigung

Kommunikations- und Deeskalationstechniken (= Beendigung, Beseitigung, Aufhebung, Rückzug) werden vermittelt, die einen körperlichen Übergriff zu vermeiden helfen.

Wie man sich in Gefahrensituationen körperlich verteidigt, das lernt ihr auch.

Es werden spezielle Techniken erlernt, wie ihr trotz auftretender Emotionen, wie Angst oder Wut, zielgerecht handeln könnt.

Einfache und wirkungsvolle Selbstverteidigungstechniken lernt ihr auch.

Folgende Trainingsbestandteile beinhaltet der Kurs:

Ich-Stärkung und Selbstbehauptung.

Selbstvertrauen und Durchsetzungskraft erlernen.

Konstruktiver Umgang mit eigenen Schwächen.

Individuelle Stress-, Angst- und Wutauslöser.

Impuls- und Selbstkontrolle in Stress- und Drucksituationen.

Quelle: training-competenz.de
https://selbstbehauptung.training-competenz.de

Anleitung zum Glücklichsein:

**Der Weltglückstag wird seit 2013
jedes Jahr am 20. März gefeiert.**

Was dir Spaß macht, das fällt dir auch leicht, es zu erledigen.

**Es gibt keinen Weg zum Glück.
Glücklichsein ist der Weg. (Buddha)
Glück ist, wenn du jeden Tag zufrieden bist.**

Was macht dich glücklich?

Deine Familie und deine Freunde.

**Sport und Bewegung:
Eine Stunde täglich reicht aus, damit du mit
stressigen Situationen besser umgehen kannst.
<u>Singen setzt deine Wohlfühlhormone frei.
Singen macht auch glücklich, denn es wirkt sich
positiv auf dein Gemüt aus.</u>**

Zufriedenheit durch soziale Kontakte.

**Täglich etwas Schönes machen. Z. B. singen,
malen oder der Nachbarin im Garten helfen.**

Lachen macht auch glücklich.

**Gute Laune und ein bisschen
Glück bei den Hausaufgaben oder
bei den Klassenarbeiten.**

**Hobbys machen auch Spaß und du
bist wieder glücklich.**

Glücklich sein oder glücklich werden, das kannst du lernen.

Es gibt das kleine Glück, das große Glück und das geteilte Glück.

Glückliche Menschen müssen auch nicht täglich glücklich sein.

Glück sind auch Dankbarkeit, Geborgenheit und Freundlichkeit. Deine Stärken, die du hast, sind auch Glück.

Glücklich sein fördert auch deine Gesundheit.

Für ein glückliches Leben ist die Gesundheit sehr wichtig.

Dankbarkeit und Zufriedenheit machen dich auch glücklich.

Wer lächelt, ist auch sehr glücklich.

Glück ist auch - wenn du etwas machst oder erledigst, was dir Spaß macht.

Das Entdecken deiner Stärken und Schwächen ist auch ein sehr großes Glück.

Glück ist auch die Summe schöner Erlebnisse.

Glück ist kostenlos, aber dennoch unbezahlbar.

Redewendungen:
Mehr Glück als Verstand. Glück im Unglück. Etwas auf gut Glück tun.

Glück fühlt sich auch sehr gut an,
z. B. wenn du in 3 Wochen
in den Urlaub fahren kannst.

**Schlechte Tage hast du ab und zu auch.
Du musst dann das Beste daraus machen.
Nur nicht aufgeben!**

**Zitat (unbekannt): „Glück ist nicht,
wenn du keine Probleme hast.
Glück ist dann, wenn du die Fähigkeit besitzt,
mit den Problemen umzugehen."**

**Spruch: „Glück ist, wenn die Katastrophe
eine Pause macht."**

Glück muss man haben!

Was macht dich glücklich?

**Glücklich bist du auch,
wenn es dir besonders gut geht.
Oder:
Wenn du etwas herausgefunden hast,
was du unbedingt brauchst.
Oder:
Du konntest deine Noten in …
sehr stark verbessern.
Oder:
Schließlich hast du auch ein
Tennisspiel oder
ein Schachspiel gewonnen.
Oder:
Du hast dich endlich bei deiner Freundin oder
deinem Freund entschuldigt.
Dann seid ihr jetzt ja auch wieder gute Freunde.**